YOUR KNOWLEDGE HAS VALUE

Alexia Soraia Pimenta Gomes Zonca

Come viene promossa e tutelata la lingua francoprovenzale tramite il teatro nella Valle D'Aosta?

GRIN Verlag

Bibliografische Information der Deutschen Nationalbibliothek:

Die Deutsche Bibliothek verzeichnet diese Publikation in der Deutschen National-
bibliografie; detaillierte bibliografische Daten sind im Internet über http://dnb.d-
nb.de/ abrufbar.

Imprint:

Copyright © 2013 GRIN Verlag GmbH
Druck und Bindung: Books on Demand GmbH, Norderstedt Germany
ISBN: 978-3-656-75600-2

This book at GRIN:

http://www.grin.com/en/e-book/281020/come-viene-promossa-e-tutelata-la-lingua-
francoprovenzale-tramite-il-teatro

GRIN - Your knowledge has value

Der GRIN Verlag publiziert seit 1998 wissenschaftliche Arbeiten von Studenten, Hochschullehrern und anderen Akademikern als eBook und gedrucktes Buch. Die Verlagswebsite www.grin.com ist die ideale Plattform zur Veröffentlichung von Hausarbeiten, Abschlussarbeiten, wissenschaftlichen Aufsätzen, Dissertationen und Fachbüchern.

Visit us on the internet:

http://www.grin.com/

http://www.facebook.com/grincom

http://www.twitter.com/grin_com

Christian Albrechts Universität zu Kiel

Seminario romanzo

Linguistica italiana II

Semestre estivo 2013

Come viene promossa e tutelata la lingua

francoprovenzale tramite il teatro nella Valle D'Aosta?

Alexia Soraia Pimenta Gomes Zonca (semestre 2)

Indice delle materie

1. Introduzione

Sempre più dialetti e lingue scompaiono o corrono il rischio di essere in via d'estinzione. L'Italia, paese ben conosciuto per le sue vivaci parlate, è anche toccato da questo inevitabile problema. Secondo l'UNESCO nella penisola sono 31 le lingue in pericolo[1]. Per questa ragione vengono costituite diverse leggi allo scopo di tutelare e proteggere le cosiddette lingue di minoritarie. La legge del 15 dicembre 1999 n. 482 intitolata "Norme in materia di tutela delle minoranze linguistiche storiche" elenca 12 lingue promosse dal governo, tra le quali si trova anche il francoprovenzale[2]. Nella Valle D'Aosta, la regione più piccola e anche meno popolata dell'Italia viene parlata questa lingua, chiamata anche *patois* valdostano[3] e vengono accumulati degli sforzi sia a livello privato che anche regionale per proteggere questo patrimonio culturale. Ogni anno hanno luogo eventi culturali come la *Fête des patois*, *le Concours Cerlogne*, *Le festival des peuples minoriaires* e molte altre manifestazioni con lo scopo di far conoscere e divulgare il *patois*[4]. Inoltre vengono offerti corsi come la *Ecole Populaire de patois* in cui i partecipanti imparano a parlare, leggere e scrivere in francoprovenzale. Anche nel campo dello svago vengono fatti sforzi per diffondere questa lingua in pericolo. Tra gli eventi più aspettati dell'anno si trovano le rappresentazioni di scene teatrali in *patois* valdostano.

Vedendo le diverse iniziative impegnate nel diffondere il francoprovenzale sorge la domanda se un' istituzione locale come un teatro può anche aiutare a fare questo. Dato che i locutori appartengono principalmente alla vecchia generazione, è necessario far sorgere l'interesse per questo idioma fra i più giovani. È possibile che il teatro riesca a cogliere la loro attenzione? Il francoprovenzale riuscirà a sopravvivere anche grazie al sostegno ricevuto dal teatro dialettale? L'obiettivo di questa tesina è presentare la risposta a queste domande. Prima di fare ciò verrà comunque spiegato brevemente che cosa è il francoprovenzale e come

---

[1] http://www.unesco.org/culture/languages-atlas/index.php (accesso 02.10.2013)
[2] http://www.parlamento.it/parlam/leggi/99482l.htm (accesso 02.10.2013)
[3] http://www.patoisvda.org/it/index.cfm/francoprovenzale-patois-valle-d-aosta.html (accesso 02.02.2013)
[4] http://www.patoisvda.org/it/index.cfm/tutela-patois-promozione-diffusione.html (accesso 02.10.2013)

3

mai questa lingua viene parlata su territorio italiano. In conclusione si esporrà il futuro probabile del *patois*.

2. Il francoprovenzale nella Valle D'Aosta

L'originale area di distribuzione si trovava dentro i confini amministrativi delle vecchie sedi vescovili di Lione e Autun. Graziadio Isaia Ascoli descrive il francoprovenzale come una varietà areale del Galloromanzo, gruppo di lingue che include l'occitano ed il francese[5]. Questa lingua quindi è composta da diversi dialetti. Oggi il francoprovenzale viene parlato nella parte orientale della Francia (Valle Rodano e Savoia), nella maggior parte della Svizzera francese e in Italia (Valle d'Aosta, parti del Piemonte, Faeto e Celle San Vito)[6]. Purtroppo i tentativi su territorio francese e svizzero di ridurre l'uso degli idiomi che non siano la lingua ufficiale hanno portato ad una estinzione di parlanti del francoprovenzale. Un uso frequente e vivace di questa lingua si può comunque ancora trovare nella Valle D'Aosta. Non esistono dati che identificano un numero specifico per questa regione, però delle stime parlano di 100.000 parlanti totali[7]. Le ragioni per le quali in francoprovenzale viene parlato su territorio italiano sono principalmente storiche. Dal 1032 la regione entrò sotto possesso dei Savoia[8]. Tramite la politica, l'economia ed il commercio si svilupparono dialetti francoprovenzali. Benché la Valle D'Aosta non sia più sotto influenza da parte della Francia, nel corso degli anni non solo la lingua, ma anche la cultura e la tradizione ebbero una grossa influenza al punto che persisterono fino ad ora. Oggi comunque, nella Valle d'Aosta non si parla solo il francoprovenzale ma pure il francese e l'italiano, così che nella regione c'è una situazione di plurilinguismo.

---

[5] Blasco Ferrer, Eduardo : *Handbuch der italienischen Sprachwissenschaft.* Berlin 1994, p. 15.
[6] Josserand, J.F.: *Conquête, survie et disparition : italien, français et francoprovençal en Vallée d'Aoste.* Uppsala 2004, p. 53.
[7] http://www.unesco.org/culture/languages-atlas/index.php (accesso 02.02.2013)
[8] Josserand, p. 43.

2.1 La promozione tramite il teatro

I valdostani sono un popolo molto attaccato alle origini e alle tradizioni. Probabilmente per l'alta stima che viene data alle proprie cultura il teatro in *patois* ha avuto e sta continuando ad avere grande successo. Il teatro ha sempre cercato di essere una rappresentazione della vita, della cultura e delle tradizioni di un determinato popolo o gruppo. Il sito d'informazione online dell'Umbria, Umbria 24 descrive il teatro dialettale "come utile ambasciatore delle migliori tradizioni popolari locali"[9]. I gruppi teatrali nella Valle D'Aosta si impegnano a svolgere parti in lingua francoprovenzale che facciano ricordare le origini della propria cultura. Il potenziale del teatro come mezzo per diffondere il *patois* è anche riconosciuto dal governo. La legge regionale n. 29 del 19 giugno 1992 permette che le compagnie teatrali della regione che svolgono le loro parti in *patois* ricevano delle sovvenzioni[10]. La storia del teatro dialettale nella regione è lunga e ha delle vecchie origini. Anticamente nella Valle D'Aosta esistevano due tradizioni orali del teatro, una religiosa che rappresentava scene natalizie e l'altra laica che includeva rappresentazioni carnevalizie. Il teatro in patois è quindi sempre esistito nella Valle D'Aosta. I testi delle opere non furono mai scritti e sono quindi rimasti perduti. Come prime opere teatrali scritte vengono considerate *Lo pioun à la fèira* di Ange Negri che fu rappresentata nel 1927 e *Le femalle à lavé bouiya*, pubblicata dal Cappellano Joseph-Marie Henry nel 1933[11]. Soltanto 25 anni dopo il teatro dialettale iniziò ad espandersi nella Valle. Nel 1958 René Willen fondò *Lo Charaban*[12], un gruppo di persone che si esibivano nel *patois* valdostano. L'obbiettivo di Willen non era semplicemente quello di intrattenere gli spettatori ma principalmente di sensibilizzare a salvaguardare il francoprovenzale. Oggi, più di 50 anni dopo, questo gruppo dilettante continua ad' esistere e conta sempre più successo al punto che non è conosciuto solamente a livello regionale, ma anche internazionale.

---

[9] Rosati Eleonore: Terni, il teatro dialettale come utile ambasciatore delle migliori tradizioni popolari locali (In: http://www.umbria24.it/terni-il-teatro-dialettale-come-utile-ambasciatore-delle-migliori-tradizioni-popolari-locali/196048.html, accesso 14.11.13).
[10] Josserand, p 162.
[11] Tuaillon, Gaston : *Études francoprovençales : Actes du colloque, réunis dans le cadre du 116e Congrès National des Sociétes Savantes* (Chambéry-Annecy, 29 avril - 4 mai 1991). Paris 1993, p. 110.
[12] Josserand, p. 162.

Le opere teatrali che prima avevano luogo in piccole sale teatrali vengono oggi rappresentate nel teatro più grande della regione, il Giacosa[13]. La compagnia si esibisce una volta all'anno per un'intera settimana. Durante il resto dell' anno, gli attori si preparano e provano le loro parti. Questi attori hanno un proprio lavoro e vengono da diverse province della Valle portando con se ciascuno una sfumatura diversa del francoprovenzale. L'obbiettivo originale di Willen per *Lo Charaban* è rimasto lo stesso: sensibilizzare la gente a proteggere e salvaguardare il *patois*. Le rappresentazioni sono molto apprezzate e l'interesse che riceve *Lo Charaban* è di grande importanza. I biglietti vengono venduti tutti nel primo giorno in cui sono in vendita e fino ad ora non c'è mai stato un biglietto non venduto. I temi e gli argomenti che vengono trattati ed elaborati nelle parti sono tutt'altro che antichi o antiquati. *Lo Charaban* esibisce le sue parti con ironia e satiria, trattando temi come la vita famigliare e sociale, le usanze e i fenomeni politici valdostani. Il tema principale dello scorso anno, il 2012, si basava sulla profezia della fine del mondo dei Maya, in francoprovenzale *la feun di mondo*[14]. *Lo Charaban* comunque non è l'unico gruppo ad esibirsi in patois nella Valle D'Aosta. In tutto nella regione esistono 22 gruppi di teatro dialettale. Queste compagnie vengono aiutate e sostenute dalla «Fédérachon Valdoténa di Téatro Populéro». Questa associazione ha come obbiettivo la collaborazione delle differenti compagnie esistenti e l'organizzazione di stages formativi per accompagnare i gruppi nella loro crescita[15].

2.2 I risultati

Gli impegni del gruppo teatrale di stare a passo con la società moderna portano buoni frutti. È notabile che non solamente le generazioni più

---

[13] http://www.aostasera.it/articoli/2008/11/17/7617/la-lunga-notte-per-i-biglietti-dello-charaban (accesso 02.10.2013)
[14] Jaccod, Davide: Al via la settimana dello Charaban da "fine del mondo" (in: http://www.lastampa.it/2012/11/18/edizioni/aosta/al-via-la-settimana-dello-charaban-da-fine-del-mondo-b1tRtVnMlhSKNkMkP8N4zO/pagina.html, accesso 15.11.2013)
[15] http://www.patoisvda.org/it/index.cfm/associazioni-valdostane.html (accesso 15.11.2013)

vecchie riscontrano il fascino del teatro in *patois*, ma anche sempre più giovani. Jérôme-Frédéric Josserand ha fatto un sondaggio nel 1998 nel quale ha intervistato persone di sesso ed età diverse. Gli intervistati sono stati divisi in quattro gruppi: persone dai 26 anni in giù e dai 27 anni in su di sesso maschile, persone dai 26 anni in giù e dai 27 anni in su di sesso femminile. Agli intervistati è stato chiesto a quali eventi culturali loro assistano e con quale frequenza. Da questo sondaggio emerge che il teatro è l'attività culturale più frequentata dagli intervistati fino ai 26 anni. Fra questi 28% degli intervistati di sesso maschile dicono di assistere a volte a delle scene teatrali in francoprovenzale. Fra gli intervistati di sesso femminile sono 33%[16]. Benché gli intervistati rispondano che assistono a volte e non spesso a delle opere teatrali in *patois* i risultati sono considerevoli. Il teatro in *patois* non è diffuso quanto quello in italiano, il che logicamente porta alla conclusione che non è possibile assistere spesso a delle scene in francoprovenzale. Inoltre non si deve dimenticare che il teatro dialettale non è disponibile tutto l'anno. Nelle generazioni più vecchie la percentuale degli spettatori cambia solo lievemente. 25% delle donne e 42% degli uomini assistono qualche volta a del teatro in francoprovenzale[17]. Questo sondaggio non può essere rappresentativo per l'intera regione della Valle D'Aosta siccome gli intervistati totali furono 227[18]. In aggiunta si deve sottolineare il fatto che il sondaggio fu fatto 15 anni fa. Pur non essendo più attuale, comunque ci rivela qualcosa. Il teatro non viene visitato soltanto dalle generazioni più vecchie. Molti giovani apprezzano e assistono alle rappresentazioni teatrali in dialetto.

3. Conclusione

Malgrado il rinnovato interesse di cui gode il francoprovenzale e gli sforzi delle istituzioni per tutelarlo, la sua regressione sembra essere un

---

[16] Josserand, p. 164.
[17] Josserand, p. 165.
[18] Josserand p. 15.

fenomeno irreversibile e senza soluzione[19]. Le misure adottate per preservare questa lingua non sembrano essere sufficienti o per lo meno abbastanza efficaci. Il teatro come istituzione è in grado di far nascere l'interesse per le proprie origini, ma non è capace di alimentarlo. Soltanto un contatto regolare con il francoprovenzale sarebbe in grado di raggiungere questo. Le vecchie generazioni e i locutori devono impegnarsi nel trasmettere il francoprovenzale ai più giovani perché ciò fa parte della tradizione valdostana ed è un tesoro culturale. Gli sforzi devono essere fatti soprattutto nel sensibilizzare la popolazione e spiegare le ragioni per le quali è importante conservare il *patois* valdostano. Molte persone oggi giorno sono convinte che non sia più necessario conoscere le parlate locali. Utilizzano l'argomento che per trovare un impiego o avere successo non sia rilevante conoscere il francoprovenzale. Pur avendo ragione queste persone dimenticano un fatto inevitabile: la tradizione di un paese o di un posto ha sempre un nesso con una lingua. Perdere il francoprovenzale non significa soltanto la perdita di un idioma, ma anche parte dell'identità valdostana.

Le domande iniziali mettevano in discussione se il teatro fosse un mezzo adatto per trasmettere il francoprovenzale alle nuove generazioni e se fosse sufficiente per divulgare questa lingua. In questa tesina è stato dimostrato che il teatro è un mezzo utile per far conoscere il francoprovenzale tuttavia non basta per mantenere in vita l'uso regolare di questa lingua.

---

[19] http://www.patoisvda.org/it/index.cfm/patois-futuro-valle-d-aosta.html (accesso 02.10.2013)

4. Bibliografia

Letteratura critica

Blasco Ferrer, Eduardo : *Handbuch der italienischen Sprachwissenschaft.* Berlin 1994.

Josserand, J.F.: *Conquête, survie et disparition : italien, français et francoprovençal en Vallée d'Aoste.* Uppsala 2004.

Tuaillon, Gaston : *Études francoprovençales : Actes du colloque, réunis dans le cadre du 116e Congrès National des Sociétes Savantes* (Chambéry-Annecy, 29 avril - 4 mai 1991). Paris 1993.

Informazioni prese in rete

http://www.aostasera.it/articoli/2008/11/17/7617/la-lunga-notte-per-i-biglietti-dello-charaban (accesso 02.10.2013)

http://www.parlamento.it/parlam/leggi/99482l.htm (accesso 02.10.2013)

http://www.patoisvda.org/it/index.cfm/patois-futuro-valle-d-aosta.html (accesso 02.10.2013)

http://www.patoisvda.org/it/index.cfm/francoprovenzale-patois-valle-d-aosta.html (accesso 02.02.2013)

http://www.patoisvda.org/it/index.cfm/tutela-patois-promozione-diffusione.html (accesso 02.10.2013)

http://www.umbria24.it/terni-il-teatro-dialettale-come-utile-ambasciatore-delle-migliori-tradizioni-popolari-locali/196048.html (accesso 14.11.2013)

http://www.unesco.org/culture/languages-atlas/index.php (accesso 02.10.2013)

http://www.unesco.org/culture/languages-atlas/index.php (accesso 02.02.2013)

http://www.lastampa.it/2012/11/18/edizioni/aosta/al-via-la-settimana-dello-charaban-da-fine-del-mondo-b1tRtVnMIhSKNkMkP8N4zO/pagina.html (accesso 15.11.2013)